Le cadeau de Gabriella

Johanne Landers

LE CADEAU DE GABRIELLA

Jlprudhomme@msn.com

http://jlprudhomme.wix.com/johanne-landers

http://facebook.com/johanne.landers

ISBN Impression papier : 978-2924494325

ISBN numérique: 978-2924494332

ISBN PDF: 978-2924494349

JOHANNE LANDERS

Gabriella est une jeune fille qui a vécu depuis l'âge de cinq ans dans les pensions de ses écoles. Sa mère qui était danseuse érotique ne semblait plus avoir le temps pour élever un enfant. Après l'avoir déposé dans sa première pension, elle passait la voir qu'une fois par année. À l'âge de treize ans, sans le savoir Gabriella voyait sa mère pour la dernière fois. À quoi bon s'en faire se disait-elle? Elles ne se connaissaient à peine. C'était comme une étrangère qui venait la déranger pour une visite embarrassante.

Gabriella avait maintenant vingt-deux ans, elle n'avait jamais revu sa mère, mais celle-ci payait toujours pour ses études et son appartement qu'elle avait depuis un an. Elle recevait même de l'argent directement dans son compte bancaire pour payer le reste des choses dont elle pouvait avoir besoin.

Si au moins sa mère s'était donné la peine de lui donner un coup de fil de temps à autre. Les choses auraient été moins dures à accepter pour Gabriella. À quoi bon avoir une mère fantôme? Pourquoi ne la voulait-elle plus? Qu'avait-elle fait qu'elle n'arrivait pas à se rappeler? Le plus dure est qu'elle savait que sa mère existait, quelque part. Au moins, si elle est morte, on ne se demande pas pourquoi elle ne nous veut pas.

Gabriella avait toujours ce sentiment de rejet. Il lui manquait quelque chose dans la vie. Des réponses. Aujourd'hui Gabriella avait sa graduation. Elle avait terminé ses études en finances et elle rêvait de devenir un magnat de la finance. Le temps de se faire entretenir par maman qui ne m'aime pas était terminé. Elle en avait assez. Elle allait voler de ses propres ailes et surtout, loin de Las Vegas.

Elle ne cherchait plus à savoir où se trouvait sa mère. À seize ans, elle avait fait des recherches sur internet et avait trouvé que sa mère était une danseuse nue très reconnue dans Las Vegas. D'après la presse, elle était la plus recherchée, la plus belle…elle était la meilleure. Depuis, elle ne voulait rien avoir à faire avec elle. Pour ce qui était de son père, elle n'en avait aucune idée et elle n'avait jamais posé la question à sa mère.

Gabriella avait amassé de l'argent avec de petits travaux par-ci, par-là. Elle amassait aussi copieusement tout ce qui lui restait de l'argent que sa mère déposait chaque mois. Maintenant, elle voulait voyager avec son amie Anabelle. Chaque fois qu'Anabelle lui avait demandé de partir en voyage avec elle, Gabriella n'y allait jamais. Elle avait toujours l'impression qu'elle devait économiser. Aujourd'hui elle en avait assez de ne plus vivre en ayant peur de ne pas pouvoir payer ses études si sa mère arrêtait de lui verser l'argent. Elle avait fini ses études et se payait le luxe ou plutôt la récompense avec ce voyage.

Leur itinéraire était prêt. Australie, Hawaii, ensuite le Costa Rica pour s'embarquer sur un bateau pendant deux mois. Le bateau appartenait à l'ami du copain d'Anabelle, Cédrick.

— Alors, tes bagages sont prêts?

— Oui. Tu me prends à quelle heure?

— 3h00 du matin, faut bien que ce soit pour quelque chose qui me tien à cœur. Je ne dois pas y penser. Nous dormirons jusqu'à l'aéroport.

— Je ne suis pas certaine d'être capable de dormir de toute façon.

— Moi non plus vraiment. Cédrick n'arrête pas de me faire l'amour. Je crois qu'il veut se reprendre d'avance pour les   quatre semaines sans que nous serons séparés.

Comme si j'ai besoin de savoir ça moi. C'est bien pour eux, mais moi je n'ai personne pour faire l'amour, alors Anabelle pourrait des fois y penser.

— Bon, je vais finir de me préparer.

— À plus.

Gabriella finit toutes ses préparations et alla au lit, mais elle ne pouvait pas dormir.

Cédrick les apporta à l'aéroport pour 4h00 du matin. Ensuite l'attente était longue avant qu'elles soient à bord de l'avion.

— C'est notre premier vol qui sera le plus long. Tu peux être sure que là je vais dormir. Je n'avais jamais fait l'amour si souvent en si peu d'heure.

— Alors, il t'a brûlé pauvre petite.

Anabelle la regarda et elle lui fit une grimace.

— Ah! Gabriella, tu devrais vraiment y penser, tu sais.

— Je sais, je sais. Ne recommence pas.

— Bon, très bien.

— J'ai fait des imprimés de plein d'endroits que nous devrions visiter. Ça va être super.

— Je fais des voyages chaque année depuis que je suis toute petite, mais jamais aussi long que celui-ci. Ça promet.

— Moi, c'est mon premier, il est temps que je sorte de Las Vegas. Alors comme tu dis, ça promet et pour moi, ça promet d'être tout un baptême.

— Oui, l'important…

— C'est de s'éclater, je sais.

Elles dormirent pour le reste du trajet. L'accueil qu'elles ont eu à l'arrivée à Hawaii fut assez impressionnant.

— Whouw!

— Oui tu peux le dire. Nous allons à l'hôtel et ensuite…direction la plage.

— J'ai si hâte, l'eau semble merveilleuse ici, toujours d'après l'internet naturellement.

— Finit chérie l'internet comme voyage pour toi, c'est du réel ma belle.

Elles avaient réservé l'hôtel directement sur la plage. Gabriella n'arrêtait pas d'être éblouie par tout ce qu'elle voyait.

— Quelle merveille!

— Gabriella, tu as vingt-deux ans et tu es encore vierge, tu n'as jamais fait la fête, c'est ton premier voyage. Tu te dois de faire tout ça un jour ou l'autre et s'il vous plaît, n'attends pas pour le prince charmant parce que tu peux entrer chez les bonnes sœurs qui t'ont élevé.

— Non, mais qu'est-ce que tu dis là?

— Écoute, je sais que tu sautes parce que j'ai parlé de faire l'amour, mais faire l'amour de nos jours est normal. Même si tu n'es pas marié Gabriella.

— Je n'ai pas l'intention d'attendre d'être mariée, tu sais. Mais je ne vais quand même pas me lancer dans les bras du premier venu. Faudra quand même qu'il compte un peu, un tout petit peu.

— Grabriella, as-tu au moins écouté mes conseils et commencé à prendre la pilule?

— Oui, depuis que tu me l'as dit. Ce qui veut dire, depuis trois mois chère amie. Est-ce qu'on peut changer de sujet là?

— De quoi veux-tu parler d'autre? Oh! Regarde à 2h00 ce spécimen.

— À toi! Ce n'est pas ce que j'appelle changer de sujet ça. Il est…quand même bel homme. Ah mais regarde qui s'accroche à son bras. Ah! Ah! Ah!

Pendant les deux semaines qu'elles passèrent en Australie, elles visitèrent quelques endroits, mais la plupart du temps, elles dormaient le jour et allaient dans des bars le soir jusqu'aux petites heures du matin.

Une journée Gabriella trouvait qu'Anabelle se laissait toucher un peu trop par n'importe quel gars. Elle se sentait mal envers Cédrick, le petit copain d'Anabelle, mais aussi son ami.

— Anabelle, avant que nous sortions je voulais te parler.

— Quoi?

— Hé bien, je trouve que tu exagères beaucoup avec les gars, tu sais…

— Quoi?

— Bien tu sais, je trouve que tu te laisses toucher, disons…beaucoup.

— Gabriella, Cédrick voyage seul avec un autre gars sur un magnifique yacht. Tu crois vraiment que ce ne sera pas le party constamment avec des filles sur le bateau avec eux?

— Oui, c'est ce que j'avais cru comprendre.

— Ben voyons donc Gabriella. Je ne rêve pas, je le sais très bien. Disons qu'en voyageant seul chacun de notre côté, c'est comme une pause entre nous. Et n'oublie pas une chose Gabriella, moi je profite de la vie.

— Bon, c'est à toi de voir.

— Oui, juste à moi. Je n'entrerai pas avec toi ce soir.

— Dans ce cas, je vais rester ici. Je suis crevée et je veux profiter de la plage demain avant notre départ d'ici.

— On se revoit demain.

Ce n'était pas exactement comme cela que Gabriella s'était imaginé leur voyage. Elle était très déçue.

Anabelle avait couché avec trois différents gars avant le départ d'Australie et pour finir elle continua à Hawaii. Gabriella se demandait comment elle faisait pour coucher comme ça de gauche à droite sans penser à Cédrick qui l'aimait vraiment et qui lui donnait tout ce qu'elle voulait. Elle avait maintenant une autre idée d'une amie. Elle ne considérait plus Anabelle pour une bonne amie, mais plus tôt le style qu'elle devrait probablement éviter à son retour.

— Tu es prête?

— Oui, le taxi pour l'aéroport est là?

— Oui.

— Enfin! Je vais revoir Cédrick.

— ''Non, mais je rêve là ou quoi,c'est le comble! Gabriella ne savait plus comment réagir à cette réflexion. Merde, vaut mieux que je ne dise rien, de toute façon ce ne sera pas ce qu'elle veut entendre.''

— Costa Rica, nous voilà.

— Nous allons être sept sur le bateau, c'est bien ce que tu m'as dit?

— Oui, c'est un gros bateau, tu sais.

— Ça doit oui.

Gabriella ne se sentait pas le courage de dire à Anabelle qu'elle aimerait mieux retourner chez elle au lieu de se retrouver à sept sur le bateau, car elle n'était pas bête, elle avait fait le calcul. Quatre filles et trois gars, ce qui laissait une fille seule et elle savait très bien que c'était elle ou que ce serait elle. Elle avait accepté de faire le voyage et elle devait aller jusqu'au bout. Au moins quand Anabelle est avec Cédrick, elle est moins excitée. Du moins, Gabriella espérait que la vie redeviendrait un peu plus normale. Ce n'est pas qu'elle n'aimait pas fêter, boire un peu, mais de là à partager sa couchette et passer des nuits entières debout, c'était trop pour un premier voyage.

Arrivée sur le bateau, Gabriella fut surprise et très fâchée de voir qu'il n'y avait aucune chambre de libre pour elle, car l'ami de Cédrick avait invité un autre couple. Elle allait devoir coucher sur un canapé sufi qu'elle était seule. Elle regarda Anabelle pour lui montrer son mécontentement. Elles s'éloignèrent toutes les deux pour parler.

— Mais qu'est-ce que c'est que ça Anabelle, je n'ai vraiment pas l'intention de me coucher sur un divan pendant un mois.

— Écoute, ce n'est pas mon bateau alors je n'y peux rien. Tu vas voir, tu vas t'amuser comme une petite folle et ça va te faire oublier le divan. Bon je dois aller dire un vrai bonjour à mon amour.

Anabelle alla sauter au cou de Cédrick.

— Oh Cédrick! Tu m'as tellement manqué.

— Moi aussi Anabelle. Ç'a été tellement dur le célibat pour un mois. On va devoir se reprendre.

— Oui mon chéri. Pour moi aussi c'était l'enfer.

— ''Non, mais ils se jouent la comédie et ils se croient pas possibles.''

— Alors que dirais-tu de remédier à cela tout de suite?

Gabriella décida d'aller nager avant que le bateau soit prêt à partir, car elle avait besoin de faire le point pour se calmer et évaluer à nouveau si elle devait ajourner son voyage ou continuer dans ces conditions-là. Elle nagea pendant trente minutes, ensuite elle devait revenir sur le bateau pour le grand départ pour un mois. Elle décida d'essayer jusqu'à leur prochain arrêt qui était dans une semaine.

Aussitôt le bateau parti, elle se retrouva seule sur le pont. Les trois couples avaient disparu dans leur chambre. Elle s'étendit sur le pont et dormit un peu. La semaine avait passé avec les trois couples dans leur chambre le jour et la nuit, c'était un vrai party. Anabelle lui avait dit que le bateau n'accosterait pas avant une semaine, mais chaque nuit, il accostait à des endroits où il y avait plein de bateaux avec beaucoup de fêtards à bord.

Tous semblaient très contents et toujours partant pour faire la fête, mais naturellement, eux ils avaient tous un bon lit et une chambre sans bruit pour dormir.

Gabriella avait fait son choix très vite après les avoir vu prendre de la drogue, elle débarquerait au bout d'une semaine et retournerait chez elle ou si l'endroit était acceptable, elle resterait sur place avant de retourner chez elle.

— ''Plus qu'une nuit et ensuite je serai libéré de cet enfer. Je n'aurai jamais tant manqué de sommeil de ma vie entière.''

Le lendemain ils roulèrent pendant plusieurs heures. Après un moment, Gabriella s'aperçu qu'ils s'arrêtaient dans le même genre d'endroit que d'habitude, mais il y avait beaucoup plus de bateaux et de beaucoup plus gros aussi.

— Wow! Regarde-moi ce bateau Anabelle, c'est presque…c'est presque…je ne sais pas, c'est énorme.

— Supre beau hein. C'est notre destination pour ce soir ma belle.

— Quoi? Mais je croyais que nous touchions terre ce soir.

— Pour une fête, il en fait tout une. Ça va être méga.

— Alors, nous dormons ici?

— Oui. On va à la fête de ce gars.

— Une fête, tu veux dire son anniversaire?

— Oui.

— Vous lui donnez quoi pour sa fête?

— Gabriella, un gars qui a un bateau comme celui-là n'a pas besoin de cadeau. Il veut juste avoir des amis pour faire la fête avec lui et dépenser son argent. Alors, amuse-toi pour une fois et ce sera son cadeau.

— Ah! Alors, allons nous amuser.

Gabriella alla se changer et elle était au moins soulagé d'une chose, il y avait tellement de monde sur ce bateau qu'elle pourrait passer inaperçue. Mais elle se sentait mal de se rendre à un anniversaire sans aucun cadeau. Ce n'était certainement pas dans ses habitudes. La nuit était maintenant tombée, le capitaine les amena sur l'autre bateau dans une grande chaloupe. Une fois sur le bateau, Gabriella s'était promis de ne pas les suivre.

— Allez-y, je vous rejoins. Je dois trouver une salle de bain.

— Très bien. À plus et Gabriella s'il vous plaît, fait-moi plaisir et amuse-toi.

— Oui, ne t'en fait pas pour moi. ''Elle va me le dire combien de fois de m'amuser. Le problème c'est que moi m'amuser, ce n'est pas de boire, prendre de la drogue et passer toutes mes nuits debout.''

Gabriella partit d'un côté et les autres à l'opposé.

— Où tu l'as pris celle-là Anabelle? Elle ne sait pas faire la fête.

— Je l'aime bien. J'ai fait le voyage avec elle en pensant qu'elle était pour s'éclater un peu suffit que depuis l'âge de cinq ans qu'elle est toujours à vivre dans des écoles, mais je me suis bien trompée.

— Elle semble plus coincée, que n'importe quelle fille que j'ai pu voir avant.

— Désolé Sébastien, je n'aurais jamais dû l'inviter sur ton bateau.

— Ça aurait été mieux oui.

— Il nous reste trois semaines sur le bateau, ce serait bien qu'elle s'aperçoit qu'elle n'est pas du tout à sa place avec nous.

Jules entendit cette dernière phrase, mais il ne savait pas de qui ils parlaient.

— Hé! Salut Jules. Bonn fête.

— Merci. Je vois que tu as apporté tes amis. C'est bien, nous allons nous amuser.

Jules les laissa partir et se rendit voir son homme de main.

— Qu'est-ce que c'est que cette fête? Je t'avais pourtant donné une liste spécifique d'invités. Je me retrouve avec des conards sur mon bateau.

— C'est bien ce que je me demande à l'instant. J'allais voir le gars que j'ai placé où les bateaux arrivent.

— Bon, passe au bar pour leur dire de diluer les consommations pour certains pour qu'ils aient envie de partir très vite.

— Bien monsieur.

Gabriella avait trouvé la salle de bain. Elle y était depuis un moment.

— Merde, cette salle de bain est plus grande que le salon dans lequel je couche depuis une semaine. C'est incroyable.

Elle sortit à contrecœur et se mélangea aux autres personnes de la fête. Elle ne voulait pas vraiment répondre quand des gens bien lui demandaient avec qui elle était venue. Elle avait un peu honte de ses supposés amis.

Anabella parla avec Cédrick et ils décidèrent que c'était peut-être mieux d'expliquer à Gabriella qu'elle pouvait reprendre un avion si elle ne voulait pas continuer le voyage avec eux. Le lendemain, elle pourrait prendre un vol en soirée. Sébastien ne semblait pas content de l'avoir sur son bateau.

Une musique douce jouait tout à coup.

— ''Doux Jésus, quel repos pour mes oreilles.''

— Vous voulez danser, mademoiselle?

— Oh! Non désolé, pas tout de suite. ''Je ne sais pas quoi lui répondre autre que ça, mais vraiment si j'ose danser un slow, je vais tomber endormie sur l'épaule du gars.''

Trois lui demandèrent pour danser. Gabriella était d'une beauté à couper le souffle, surtout avec son tout nouveau bronzage. Finalement elle accepta une danse. Un peu plus tard la musique s'atténue et le plancher de danse se transforma en énorme casino.

Elle se trouva un coin un peu à l'écart puis vit un corridor. Il était gardé par un gardien. Elle fit le tour complet du bateau jusqu'à ce qu'elle vit un corridor non gardé. C'est à ce moment-là qu'elle se fit basculer par un groupe de jeunes fêtards. Elle prit le corridor et emprunta l'escalier tout au bout. L'étage où elle était semblait être des chambres. Elle vit un couple sortir d'une des portes et barrer celle-ci.

Elle décida de continuer son exploration et de monter sur un autre étage. Elle arriva dans un grand salon très luxueux. Il y avait de longs canapés, un bar immense et un piano dans un des coins et les grandes portes étaient fermées. Elle passa dans l'autre pièce, il y avait une salle à manger pour au moins cinquante personnes. Elle ouvrit une des portes et se retrouva sur le pont supérieur. Elle pouvait voir tout le monde en bas. Elle leva les yeux au ciel.

— Merveilleux.

Elle devait retourner, elle ne devrait peut-être pas être là. Certainement pas. Elle retourna sur ses pas et arrivée à la hauteur du piano, elle sourit et se laissa glisser sur le siège.

— ''Juste un morceau, y'a tellement longtemps que je n'ai pas joué et personne ne va m'entendre avec les fenêtres fermées.''

Elle se laissa emporter, elle jouait déjà depuis trente minutes. C'était si apaisant de se retrouver seule avec un piano.

— Désolé de vous déranger monsieur, mais une dame joue du piano dans vos appartements.

— Quoi?

— D'après ce que je comprends, ce n'est pas vous qui l'avez autorisé?

— Non, je n'ai accordé à personne de monter dans mes appartements. Je croyais avoir engagé du personnel pour surveiller les escaliers ce soir.

— Oui monsieur. C'est la raison pour laquelle je vous demandais, car personne ne l'a vu monter. Je vais aller lui demander de descendre.

— Non laisse, je vais le faire moi-même. Je n'aime pas froisser les gens.

— Bien monsieur.

Quand Jules arriva sur son étage privé, il pouvait légèrement entendre le piano. Il ouvrit doucement la porte donnant sur le salon et s'y adossa pour écouter.

— Vous jouez merveilleusement bien.

Gabriella se leva tellement vite et se retourna pour faire face à Jules.

— Oh! Désolé, je crois m'être laissé emporter.

— ''Quelle beauté, on dirait un diamant pur.''
Ne soyez pas désolé mademoiselle.

Il se rapprocha d'elle et lui tendit la main tout en
se présentant.

— Je suis Jules.

— Ah! C'est vous Jules. Je m'attendais…à une
personne…rien.

— Un peux plus âgé hein? C'est à cause du
nom, je suis Jules le cinquième du nom. Alors le
nom, qui est très vieux entre vous et moi, vient
effectivement de très loin.

Gabriella lui sourit.

— Moi c'est Gabriella.

— Vous au moins vous avez un joli nom.

— J'oubliais, joyeux anniversaire.

Il lui sourit à son tour.

— Merci. Vous voulez un verre?

— Oui, un verre de vin rouge s'il vous plaît.

Jules alla leur servir un verre tout en l'observant.

— Je vois que vous ne vous amusez pas beaucoup.

Elle sourit. Anabelle lui avait pourtant donné le conseil de s'amuser, que cela pouvait être le plus beau cadeau de leur hôte, mais impossible, elle était lessivée.

— Et vos amis?

— Oh eux! Ils peuvent bien se passer de moi. En plus, je les avais perdus dans cette foule. Quand vous fêtez votre fête, vous fêtez en grand vous.

Il sourit à son tour et vient s'asseoir près d'elle sur le banc de piano.

— Oui grosse fête. Où avez-vous appris à jouer du piano?

— J'ai été pensionnaire dans plusieurs écoles et il y avait toujours un piano dans chacune d'elles. J'ai appris à l'oreille au début et ensuite j'ai suivi quelques cours.

— Vous jouez très bien, même mieux que bien. Comment vous êtes-vous retrouvé ici, dans mon salon Gabriella?

— Un groupe m'a un peu bousculé et je me suis retrouvé dans un corridor. J'ai décidé de monter les escaliers au lieu de devoir passer près d'eux à nouveau.

Il partit à rire.

— Vous avez bien fait dans ce cas. Ma fête est un vrai cahot.

— Ce n'est pas ce que j'ai dit.

— Ne vous en faites pas Gabriella. C'est vrai. J'avais une liste très spécifique d'invités, mais je ne sais pas ce qui s'est passé, mais je me suis retrouvé avec tout ce beau monde en bas.

Jules la regarda dans les yeux. Qu'elle est belle avec ses pommettes qui rougissent, ses beaux yeux verts et cette chevelure couleur de sable…et ses lèvres que j'aimerais bien embrasser. Gabriella se leva pour partir.

— Je crois que je devrais retourner en bas auprès de mes amis.

— Qui sont vos amis?

— Oh euh! Mon amie est Anabelle Lenou et son copain est Cédrick Bone et nous sommes sur le bateau de Sébastien Garcia.

— Gabriella, je voulais dire un petit ami?

— Ah! Euh! Non.

— Alors, pourquoi ne pas laisser vos amis s'amuser et rester avec moi.

— Oui, pourquoi pas, c'est si tranquille en haut ici. Ça fait cinq semaines qu'Anabelle me dit de m'amuser, m'éclater…bla, bla, bla. Alors je préfère rester avec vous Jules que de me retrouver encore dans un party.

— Bien. Vous voudriez qu'on s'installe dans le jacuzzi pour parler?

— ''Bon, je ne suis pas si bête alors je dirais que je me dirige droit dans ce qu'on appelle ''Si je dis oui à ce bain, je dis oui à tout'' alors pourquoi pas, il est beau comme un Dieu et gentil comme un cœur.'' Oui, d'accord.

— Venez.

Il la dirigea vers un escalier.

— Un autre escalier?

— Oui, celui-ci est plus privé. Il ne va seulement que sur une terrasse.

Il lui fit signe de monter. Arrivé sur le pont supérieur, il y avait un énorme jacuzzi illuminé.

— C'est tout simplement splendide.

— Vous trouverez des maillots de l'autre côté du mur. Ensuite, installez-vous, je vais nous resservir un verre et vous rejoindre.

— Je n'ai pas besoin de maillot, j'en ai déjà un sous ma robe.

— Parfait.

— ''Anabelle voulait que je m'éclate, hé bien je m'éclate là. Avec ce beau Jules, impossible de ne pas vouloir. Dire que je l'ai à moi toute seule. Mais je ne me fais pas d'idée, il sait ce qu'il veut et il m'a invité là haut pour cela.

Jules enleva sa chemise, ce qui fit détourner les yeux de Gabriella. Il vint la rejoindre avec son boxer.

— Vous ne vouliez vraiment pas retourner à votre fête?

— Non pas du tout.

— Vont-ils fêter toute la nuit?

— Certains oui. Au petit matin, mon équipe fera le nécessaire pour leur demander gentiment de retourner sur leur bateau ou les apporter sur leur bateau pour les plus coriaces qui seront trop bourrés. D'autres, mes amis les plus proches, ont une chambre sur mon bateau.

— Whouw! Une vraie chambre.

— Pourquoi dites-vous cela?

Elle lui décrit les circonstances dans lesquelles elle se retrouvait sur le bateau de Sébastien et leur voyage à Anabelle et elle avant d'arriver sur le bateau.

— En d'autres mots, c'est un enfer ce voyage.

— Oui l'enfer total. C'est un peu ce qui m'a poussé à monter pour trouver de la tranquillité.

— Vous avez très bien fait. Un peu plus et je vous aurais retrouvé endormie sur mon canapé.

— Oui, je ne dors tellement pas sur l'autre bateau, mon réveille depuis une semaine, c'est de les voir ce balader en petites culottes ou en boxeur. Quel beau réveille!

Jules partit à rire.

— Je peux imaginer le spectacle.

— Mais ce n'est pas grave, car demain je vais rester à terre et prendre un avion pour rentrer. Je ne me sens pas bien du tout avec eux.

— Je sais que Sébastien est assez frivole. Je suis même surpris qu'il ne vous ait pas déjà invité à partager leur lit, c'est son style de vie.

— Hein! Vous croyez?

— Oui, j'en suis certain.

— Euh! Vraiment quand j'y pense. Je me suis aperçue aussi qu'ils prenaient tous de la drogue et c'est une chose que je n'aime pas. On me fait bien sentir que je suis de trop. Une chose est certaine, je ne referai plus jamais de voyage avec une certaine Anabelle.

En disant cela, Jules se rappela le bout de conversation qu'il avait entendu à l'arrivée de Sébastien et ses amis à sa hauteur pour lui souhaiter bonne fête. Elle voyait juste, elle était de trop.

— Je vous offrirais bien une chambre, mais malheureusement, elles sont toutes prises pour l'occasion.

— Ah non! Je ne disais pas ça pour avoir une chambre. Ne parlons plus de cela, je n'aurais pas dû en parler de toute façon.

— Ne vous inquiétez pas Gabriella. Je connais très bien Sébastien.

— J'espère que vous n'allez pas lui dire ce que je vous ai dit?

— Absolument pas. De toute façon, cela ne dérangerait même pas Sébastien. Il n'a jamais eu aucun respect pour personne.

— Si je peux être indiscrète. Vous êtes tellement différent de lui, comment vous êtes-vous rencontré?

— Il est mon cousin en quelque sorte. Il est l'enfant du deuxième mari de ma tante.

— C'est pour cela que vous le connaissez si bien.

Elle le regarda emplir les verres à nouveau.

— Je vais être franche avec vous, je le déteste c'est un prétentieux qui se croit tout permis.

— Exactement.

Gabriella le regarda dans les yeux en prenant sa coupe de vin.

— À votre santé Jules. Puis-je vous demander votre âge?

— Oui, j'ai trente-deux ans aujourd'hui.

— Dans la fleur de l'âge comme un de mes professeurs disait.

— Et vous Gabriella, quel âge avez-vous?

— Personne à part Anabelle ne savait que c'était sa fête à elle aussi aujourd'hui. Anabelle l'avait même oublié pour la première fois aujourd'hui.

— Moi je dirais, le bel âge.

Ils partirent à rire.

— C'est raté comme premier voyage.

— ''Non, pas avec toi Jules.'' Non j'ai quand même réussi à voir de belles choses et rencontré des gens passionnants et naturellement d'autres étaient des ordures comme dans les bars par exemple.

Jules la regarda dans les yeux. Elle était si belle, si douce. Mais pourquoi ce retenait-il avec elle. Habituellement, ils seraient déjà dans la chambre sur un deuxième ou troisième round. Il ne le savait pas.

— ''Je n'en peu plus, je dois l'embrasser. Elle semble si innocente. Pourtant, elle doit bien savoir. Avec elle, on dirait que je perds tous mes repères.''

Il se rapprocha sur le siège plus près d'elle. Elle ne semblait pas s'en offenser. Il se pencha doucement vers elle et la regarda dans les yeux, il avait besoin de ressentir son approbation avant de continuer vers ses lèvres.

— ''Elle sera mon vrai cadeau de fête. Petite Gabriella chérie, je te veux juste pour moi cette nuit, toute la nuit.''

Ils arrêtèrent quand ils étaient à bout de souffle pour se scruter, il l'attira sur ses genoux pour ensuite recommencer à l'embrasser plus belle.

— Tu...tu es d'accord?

— Oui, c'est ce que je viens de décider. Ce sera ton cadeau de fête.

Il lui sourit et reprit ses lèvres pour ensuite laisser vaguer ses baisers sur son cou et il enleva le haut du maillot de Gabriella.

— Tu es belle Gabriella.

Elle lui fit un sourire gêné.

— Tu n'es pas mal non plus.

Il prit ses seins pour les embrasser et les taquina avec ses pouces pour continuer avec sa langue. Gabriella se sentait déjà frémir. Elle avala difficilement, elle avait toujours un peu d'angoisse de se voir faire cela avec un gars qu'elle ne connaissait pas. Elle voulait un parfait amant pour sa première fois et elle était certaine de bien l'avoir choisi.

Il la prit dans ses bras et l'allongea sur le rebord du jacuzzi. Il lui enleva sa petite culotte et l'admira en la caressant.

— ''Ah mon Dieu! C'est tellement gênant et merveilleusement bon en même temps. Merde, hum, il me fait craquer, ah que c'est bon.'' hum.

Il lui sourit et remonta l'embrasser.

— Tu veux que j'arrête?

— Non, non continu. Si tu arrêtes maintenant, je te haïrais pour le reste de tes jours.

— Hé! Non surtout pas. Je vais continuer.

— Oui Jules s'il te plaît, n'arrête plus.

Il sourit à nouveau et redescendit lui redonner du plaisir là où elle voulait. Sa jouissance ne se fit pas attendre. Aussitôt qu'il décida de jouer avec sa langue, elle était perdue.

— Ah Jules! C'est…aaaaaa!

— Laisse-toi aller ma belle, nous avons toute la nuit pour nous s'amuser comme cela.

Elle explosa sous ses caresses. Il remonta l'embrasser et il enleva son boxeur. De son côté, il n'en pouvait plus, il voulait la posséder, être en elle. Il s'étira pour prendre un préservatif dans son pantalon.

— ''Ah non merde!'' Gabriella, tu veux un peu de vin? Je dois aller dans ma chambre en bas pour chercher un préservatif.

— Oui, o.k.

Il mit un peignoir et la regarda se lever pour prendre la bouteille de vin.

— ''Elle a un corps à faire rêver n'importe quel homme. Ouf! Vite les préservatifs.''

Il descendit à sa chambre.

— Hein! Plus de préservatifs, mais je suis un conard.

Steve, un de ses employés s'avança dans la chambre.

— Y'a un problème, monsieur.

— Oui, trouvez-moi des préservatifs immédiatement. Il doit bien y avoir quelqu'un qui en a sur le bateau.

— Je vais dans ma chambre monsieur, et je reviens dans un instant. Voulez-vous que je vous les laisse en haut?

— Oui, mais n'entrez pas. Frappez et laissez-les par terre.

— Très bien monsieur.

— Merci Steve. Pourriez-vous aussi nous rapporter une bouteille de vin rouge.

Steve lui sourit et lui fit un signe d'approbation de la tête.

Jules se faisait un devoir de savoir le nom de tous ses employés. Étant jeune, il avait entendu parler le chauffeur de son père avec la cuisinière et celui-ci disait que son père était un ingrat, qu'il n'était même pas foutu de savoir son nom après six mois à son service.

Il remonta au côté de Gabriella. Elle était dans le jacuzzi et avait les yeux fermés.

— ''Ne dort pas je t'en pris.'' Désolé pour le contretemps.

Il remplit son verre de vin et l'admira quelques minutes. Elle était vraiment d'une beauté à couper le souffle. Les coups à la porte de l'escalier le sorti de son admiration.

— Ah! Ne te dérange surtout pas. Il ne va que déposer des choses par terre pour moi.

— Ouf! J'aime mieux ça je suis si bien ici.

Il rit et alla prendre les choses à la porte. Il revint s'asseoir avec elle dans le Jacuzzi. Il l'embrassa doucement et leur corps s'enflamma immédiatement. Elle le regarda installer son préservatif et ce geste l'excita encore plus. Elle le voulait vraiment cette fois. Il la prit dans ses bras et l'installa à califourchon sur ses genoux. Son érection était collée à ses fesses et elle pouvait sentir les pulsions de son sexe. Il ne pouvait plus attendre, il entra en elle, mais elle se recula instinctivement.

— Pas si vite s'il vous plaît Jules. Doucement tu veux?

— Très bien ma belle, on y va doucement si c'est ce que tu préfères.

Il l'embrassa et entra à nouveau en elle, mais en y allant lentement. Puis il s'arrêta net et la regarda dans les yeux. Il pouvait lire la peur dans ses yeux.

— ''Oh merde! Elle est vierge.''

Il déglutit, ferma les yeux pour quelques secondes sans bouger. Il ouvrit les yeux pour la regarder à nouveau.

— Tu…hum, tu es vierge c'est ça?

— Oui, mais je le veux vraiment Jules. Continu s'il vous plaît, n'arrête pas.

Il l'embrassa doucement avant de continuer la pénétration. Elle serra les dents pour un petit moment et ensuite elle se laissa aller.

— Joyeux anniversaire Jules.

Ils atteignirent l'extase ensemble et restèrent enlacés pendant un moment pour reprendre leur respiration. Ils restèrent silencieux à contempler les étoiles.

— Pourquoi tu as fait cela Gabriella?

— Parce que je le voulais.

— Quelqu'un t'a payé ou quoi?

Elle s'assit et le regarda.

— Non! Absolument pas. Je l'ai fait de mon propre gré. Je ne suis pas assez stupide pour faire une chose pareille.

— Désolé je n'aurais pas dû dire cela. Mais c'est si surprenant. J'ai couché avec beaucoup de femmes et jamais je n'avais eu ce plaisir…ce cadeau.

Gabriella fit la grimace.

— Pas vraiment le bon moment de parler des autres femmes, je crois. ''A-t-il vraiment apprécié.''

— Moi qui suis toujours en confiance habituellement. Tu me déroutes complètement par ton geste. J'essaie de comprendre pourquoi.

— N'essaie pas de comprendre, c'est seulement comme un problème que je me suis débarrassé. Fais juste en profiter.

— Viens, viens avec moi.

Il lui mit un peignoir et enfila le sien. Il la conduisit dans sa chambre. Steve avait fait un bon travail, il avait installé une nouvelle bouteille de vin et deux verres dans la chambre, ainsi que des préservatifs.

Ils refirent l'amour plusieurs fois avant que Jules s'endorme avec la tête de Gabriella sur son torse. Gabriella qui était si fatiguée n'arrivait pas à dormir. Probablement parce que c'était sa première fois et que cette expérience avait été trop merveilleuse.

On frappa doucement à la porte. Gabriella se leva pour aller près de la porte.

— Puis-je vous aider?

— Oui mademoiselle, j'ai votre téléphone portable, je crois qu'il y a une urgence, il n'arrête pas de sonner.

— Oh! Merci. Juste le déposer sur le sol s'il vous plaît.

Elle attendit un moment puis ouvrit la porte pour prendre son téléphone portable. Elle vit qu'Anabelle essayait de la joindre.

— Anabelle, c'est moi. Tu essaies de me joindre.

— Bordel! Tu étais où?

— Toujours sur le bateau de Jules. J'étais… hum…avec des amis sur un autre étage.

— Nous sommes déjà sur le bateau. Nous avons cru que tu étais revenue ici pour dormir.

— Ah! Non, désolé. Mais écoute, je vais demander si quelqu'un peut me conduire à votre bateau.

— Très bien. Tout de suite Gabriella. Nous partons très très bientôt.

— Oh Anabelle! Je voulais te dire que je vais mettre pied à terre aussitôt que nous le pouvons et je vais repartir en avion si cela ne te dérange pas.

— C'est mieux Gabriella.

— Oui.

— C'était une erreur de ma part de t'inviter sur ce bateau. Je connaissais bien Sébastien, j'aurais dû comprendre que tu n'étais pas fait pour cela.

— Oui. Ça va aller, ne t'inquiète pas.

Elle s'habilla en silence pour ne pas réveiller Jules. En ouvrant la porte, elle se retourna pour regarder Jules dormir. Il avait été l'amant parfait qu'elle avait espéré pour sa première fois. Elle ne regrettait pas de lui avoir fait ce cadeau de fête et pour sa propre fête en même temps. En sortant de la chambre, elle vit qu'il y avait une ville non loin de la cote.

— Oh! Bonjour.

— Bonjour mademoiselle. Tout va bien ce matin?

— Oui. Je vais très bien, mais je dois me rendre sur un bateau pour pouvoir prendre mes valises et si cela est possible, je viens de m'apercevoir qu'il y a un village et j'aimerais qu'on m'y dépose.

— Certainement mademoiselle. Mais monsieur Jules préfère…

— Non, il dort encore et je ne veux surtout pas que vous le réveilliez.

— Comme vous voulez mademoiselle. Suivez-moi.

La navette l'apporta sans problème prendre ses valises. Elle embrassa Anabelle et Cédrick puis remercia Sébastien avant de regagner la navette. Une fois installé dans la navette, Anabelle lui cria.

— Hé Gabriella, je t'aime on se voit à mon retour. Aussi je suis impardonnable, j'ai oublié ta fête hier. Bonne fête, je t'aime.

— Merci. Appelle-moi à ton retour.

L'officier débarqua Gabriella et ses bagages sur le quai et lui souhaita un joyeux anniversaire.

— Merci, c'est gentil de votre part.

— Quelqu'un vous attend ici ou viendra vous prendre?

— Non. Je vais prendre un taxi et me rendre dans un hôtel pour ce soir.

— Permettez-moi de faire le nécessaire pour vous, mademoiselle.

— J'ai déjà assez abusé de votre temps.

— Non mademoiselle, monsieur Jules ne sera pas content contre moi si je vous laisse ici seule.

— Bon d'accord, que voudriez-vous faire?

Il la fit asseoir dans un taxi puis indiqua à celui-ci de la conduire à un hôtel spécifique.

— Merci beaucoup.

— Bon voyage mademoiselle.

Il l'avait envoyé dans un hôtel de luxe. Elle décida de prendre une douche et ensuite elle ferait des recherches pour un vol pour Las Vegas.

Elle trouva un vol pour le même soir à 21h00. Il était déjà 17h00. Elle fit les réservations et appela la réception pour s'assurer d'avoir un taxi à 20h00 à la porte.

— Oh! Et préparez ma facture, car je dois repartir ce soir.

— Ce sera fait mademoiselle Johnston.

— Merci.

Elle regarda par la fenêtre et pouvait voir le bateau de Jules de l'hôtel. Il était si majestueux.

— Il est encore là. Je dois le chasser de mes pensées maintenant. Pour lui, il la bien dit en un sens, j'étais une fille parmi tant d'autres.

Elle repensa à la façon donc il l'avait pris, en la regardant dans les yeux. C'était si intense que le bas de son ventre en brûlait juste à y penser.

— Vais-je ressentir cela chaque fois que je vais faire l'amour avec un homme? Ou peut-être juste à chaque fois que je vais penser à lui?

On frappa à la porte, le garçon d'étage était là pour reprendre ses bagages.

Jules s'éveilla et il chercha Gabriella dans la chambre, mais elle n'était plus là.

— Gabriella!

Il écouta pour entendre si du bruit s'échappait de la salle de bain, mais rien. Il décrocha le téléphone.

— Bonjour monsieur.
— Bonjour Steve. Tu as vu la demoiselle qui était avec moi cette nuit? Elle s'appelle Gabriella.

— Oui monsieur. Je l'ai reconduit au port après avoir récupéré ses bagages du bateau de votre cousin Sébastien.

— Merde! Elle n'est plus à bord du bateau?

— Non monsieur. Au port, je l'ai mise dans un taxi et envoyée à votre hôtel.

— Ah! Merci Steve. Que ferais-je sans toi?

— Merci monsieur.

Il raccrocha pour appeler le gérant de son hôtel.

— Bonjour Charles, c'est Jules. Tu devrais avoir une demoiselle du nom de Gabriella à l'hôtel. Je ne sais pas son nom de famille, mais trouve sa chambre et envoie-lui des fruits exotiques et une bouteille de champagne et j'arrive.

— Très bien monsieur.

Il prévient Steve de se préparer pour se rendre à son hôtel. Il sauta dans la douche et fût habillé en quelques minutes. La navette l'attendait.

— À quelle heure l'as-tu mise dans le taxi Steve?

— À 15h00 monsieur. Une voiture pour l'hôtel vous attend.

— Bien, merci encore.

Arrivé à l'hôtel, son téléphone portable sonna.

— Oui Chales. Je suis dans le hall, j'arrive à l'instant.

— Monsieur, je suis désolé, mais mademoiselle Johnston est partie. Elle a pris une douche, un repas et est repartie pour l'aéroport en taxi.

— Déjà!

— Oui monsieur.

— Johnston, vous avez dit?

— Oui, Gabriella Johnston.

— Renvoyez-moi le chauffeur à l'avant de l'hôtel.

— Immédiatement.

Jules fit demi-tour et partie pour l'aéroport.
Arrivé là, il la cherchait, mais vint à l'évidence qu'il
l'avait raté à moins qu'elle soit passée du côté de
l'embarquement, mais qu'elle ne soit pas encore
embarquée. Il la fit appeler à l'interphone, mais
rien. Elle était bien partie. Pourquoi était-elle
partie? N'avait-elle pas aimé l'expérience?
Pourtant, elle semblait avoir aimé. Il devait tenter sa
chance. Il appela Sébastien.

— Sébastien, réponds, mais réponds merde.

Il ne répondit pas, alors il n'avait d'autre choix
que de lui laisser un message et attendre.

— Sébastien, r'appelle-moi à la minute où tu
auras ce message.

Gabriella arriva chez-elle, elle entra ses bagages,
laissa tout à l'entrée de son appartement. Elle se
dirigea directement vers son lit, se laissa tomber et
dormit. À son réveille, elle vit qu'elle avait des
messages en attentes.

— Ah non! Laissez-moi dormir.

Elle se rendormit et se leva le lendemain soir. Son estomac criait famine, elle devait manger.

— Petit problème, rien au frigo. Hum.

Elle décida d'aller chez son voisin et ami pour lui emprunter du pain pour se faire quelques rôties. Il n'était pas là.

— Décidément, c'est les vacances et tout le monde est parti. Bon, le resto italien dans ce cas.

Elle se changea et se rendit au restaurant.

— Je vais prendre un numéro deux pour emporter s'il vous plaît.

— Même chose pour moi s'il vous plaît.

— ''Oh merde! C'est lui, c'est Jules.''

Elle se retourna et le vit planté là avec un gros sourire. Il s'avança plus près d'elle et lui prit les mains. Il lui fit la bise sur la temple.

— Bonsoir. Tu n'as pas pris tes messages hein?

Elle lui fit un grand sourire.

— Non, c'était l'estomac ou la mort avant tout.

Il rit. Il était si content de l'avoir rejoint.

— Qu'est-ce que tu fais ici toi? M'aurais-tu suivi par hasard?

— Hum. Poursuivi serait un meilleur terme. J'étais dans un taxi pour me rendre chez toi quand je t'ai vu entrer ici. Tu sais que je suis allé à l'hôtel, mais tu t'étais enfuie de là aussi. Je suis allé à l'aéroport et là encore, envolée la belle Gabriella.

— Je ne demanderai pas qui t'a donné mon adresse et mon numéro de téléphone. Hé! Mais j'y pense, tu as encore délaissé tes amis pour moi. Tu avais encore plein d'amis sur le bateau quand je suis partie. En plus tu m'as dit qu'ils étaient tes vrais amis.

— Peu importe. Ils survivront, moi pas. Mon équipage s'occupera d'eux. Je n'ai pas aimé me réveiller seul ce matin, plutôt cet après-midi. Tu ne m'avais même pas laissé de petit mot, rien.

— Je suis désolé, j'ai dû partir très vite, car Sébastien allait partir sans que je puisse récupérer mes bagages.

— C'est bien lui ça, l'imbécile. Mais pourquoi n'as-tu pas envoyé un membre de mon équipage chercher tes bagages et rester avec moi sur le bateau?

— Cela s'est passé très vite et je ne voulais certainement pas m'imposer.

— Tu aurais dû me réveiller.

— Oui j'ai compris maintenant. J'habite à deux coins de rue d'ici. On va manger chez moi?

— Je suis content que tu m'invites. Merci.

— Coquin. Je n'ai pas beaucoup de choix.

Gabriella mangea de bon cœur, mais son corps lui demandait autre chose maintenant. L'homme qui était en face d'elle.

— C'était bon.

— Je crois que j'aurais mangé n'importe quoi tellement j'avais faim. Mais…je crois que je veux autre chose maintenant.

Il se mordit la lèvre et se rapprocha d'elle. Il se leva, lui prit la main et l'entraîna dans la chambre.

— Tu me manquais déjà au réveil.

— Tu dormais comme un ange, c'est pourquoi je ne voulais pas t'éveiller.

Il l'embrassa doucement.

— J'ai tellement soit de toi.

Il la déshabilla tout en l'embrassant sur les parties qu'il mettait à nu.

— Tu ne m'as même pas laissé le temps de te remercier pour mon cadeau d'anniversaire.

— Ah! Ah! Ah! Je croyais que tu l'avais fait à trois reprises.

Il se déshabilla et s'allongea sur elle tout en s'appuyant sur ses coudes.

— Très bien, alors je viens te donner ton cadeau d'anniversaire dans ce cas.

— Comment sais-tu ça toi?

— Steve, celui qui t'a ramené au port.

— C'est un petit bavard à ce que je peux voir.

— C'est mon meilleur. Je dois penser de le remercier encore.

Il la pénétra doucement tout en la regardant dans les yeux. C'était exactement ce qu'elle aimait, cette intensité quand ils se regardaient. Ça la faisait chavirer.

— Tu le remercieras pour moi aussi. Ah Jules! Hum, mon cadeau est délicieux.

Elle ferma les yeux et se laissa emporter par ses caresses.

— Joyeux anniversaire ma belle Gabriella. Tu es si belle.

— Et toi donc.

Après avoir fait l'amour plusieurs fois. Gabriella allait se doucher et Jules la suivit pour lui faire l'amour sous la douche.

— Je ne peux donc plus prendre une douche seule avec toi.

— Je ne veux pas que tu m'échappes à nouveau.

Ils partirent à rire.

— Je suis chez moi, je ne me sauverai pas. J'aime bien que tu sois là.

Il la prit et lui sourit. Jules entendit son téléphone portable pour la énième fois sonner.

Deux jours plus tard, ils étaient à faire l'amour encore et encore sans jamais se fatiguer. Elle dormait dans ses bras et ils s'éveillaient ensemble depuis deux jours que Jules trouvait merveilleux.

— Ah! J'aurais dû l'éteindre celui-là. Je vais regarder à mes messages avant que mon père ne décide d'envoyer la garde nationale à mes trousses.

— Ah! Ah! Ah! Je croyais que tu étais un grand garçon.

— Très drôle.

Il alla s'installer à la table de la cuisine pour prendre ses messages.

— Hé toi! Tu écris tes messages sur ma liste d'épicerie.

Il laissa son téléphone portable et la prit dans ses bras.

— Gabriella chérie, je sais qu'il te reste trois semaines de vacances. Si tu veux bien revenir sur le bateau avec moi pour les trois prochaines semaines, tu n'auras pas besoin de faire l'épicerie.

Elle le regarda avec un léger sourire. Il l'embrassa tendrement. Il voulait vraiment qu'elle accepte. Il aimait ce qu'il vivait avec elle en ce moment et il ne voulait pas que cela s'arrête pour la première fois. Mais elle ne répondait pas et Jules en avait mal au ventre tellement il avait peur qu'elle n'accepte pas.

— Gabriella, tu veux qu'ont essaient ensemble? Je ne me suis jamais senti si bien avec une femme. Toi je ne veux pas te perdre. Je t'aime bien, tu sais.

Elle le regarda et fronça les sourcils.

— Quoi? Pourquoi me regardes-tu comme cela? Tu n'aimes pas le bateau? Préfères-tu que nous restions ici?

— Ce n'est pas ça Jules. Le problème est que si nous passons trois semaines ensemble, j'ai peur, c'est nouveau pour moi, mais…ça m'a déjà fait mal de te laisser après une nuit. Je ne veux même pas imaginer après trois semaines.

Il lui sourit en la serrant dans ses bras.

— Si tout va bien, tu viendras t'installer avec moi si tu veux. J'habite New York.

Elle le repoussa un peu pour pouvoir lever les yeux vers lui.

— New York!

— Oui, disons que j'y ai ma résidence principale, car je suis très souvent en déplacement.

— C'est justement où j'aimerais habiter.

— Alors…ont fait un essai pour trois semaines sur le bateau?

Elle se mordit la lèvre et prit une grande respiration. Qu'est-ce qu'elle avait à perdre? Rien!

Le téléphone portable de Jules sonna à nouveau.

— Ok. Tu y penses du temps que je passe un appel à mon père tu veux?

Elle lui fit signe que oui. Jules lui fit un grand sourire.

— Oui tu acceptes?

— Non, oui…je pense là.

— Ah oui! O.k. tu y penses.

Il prit son téléphone portable pour appeler son père, mais il ne la lâchait pas des yeux.

— Bonjour papa, ça va bien.

Il fit une petite grimace en poussant l'appareil loin de son oreille, ce qui fit rire Gabriella.

— Si ça va bien! Tu disparais pour deux jours complets et tu me demandes si ça va bien.

— Papa, je suis toujours en vie alors calme-toi tu veux.

— Bon, le premier appel que je t'ai fait était pour tes vœux d'anniversaires et pour te dire que j'ai mis une de mes maisons à ton nom pour ton cadeau.

— Merci papa, c'est gentil, j'apprécie beaucoup. De quelle maison parles-tu?

— Celle que nous avons en Australie.

— Ah! C'est ma préférée celle-là. Merci.

— Je sais, c'est pour cela que je l'ai choisi.

— C'est très gentil. Je vais essayer de passer te voir bientôt. Pour l'instant, je dois y aller, une personne m'attend. Je passe te voir après les vacances.

— Toi tu es en vacances?

— Oui, c'est nouveau, je sais. Je ne retournerai pas au bureau avant trois semaines.

— Tout va bien mon fils?

— Merveilleux papa.

— Ah! Passe de belles vacances dans ce cas.

— Merci papa.

Il sourit à Gabriella et refit une grimace.

— Où prends-tu tes vacances?

— Nous serons sur le bateau papa.

— Nous!

— Au revoir papa.

— Je devrais peut-être te rendre visite, ça semble sérieux pour que tu m'en parles.

— Non papa. Je coupe la communication maintenant.

Il ferma son téléphone portable en riant.

— Je déteste lui faire ça, mais il me garderait au téléphone pour une éternité. Tu as pris une décision?

Il la reprit dans ses bras. Il ne voulait pas l'entendre dire non. Mais elle avait bien entendu la conversation. Est-ce vraiment la première fois qu'il s'allouait des vacances? Elle lui fit un sourire qui calma Jules.

— Très bien, si tu insistes.

— Dans ce cas, j'insiste.

Il l'embrassa et la serra fort dans ses bras.

En arrivant sur le bateau, Steve les accueillit.

— Bonjour Mlle Johnston, monsieur.

— Bonjour Steve, tout s'est bien passé en mon absence?

— Oui monsieur.

— Steve, comment connaissez-vous mon nom de famille?

Jules et Steve se regardèrent surpris. Il devait penser vite pour ne pas la frustrer.

— C'est Anabelle qui m'a donné les renseignements sur toi et je les ai communiqués à Steve.

— Bien, appelez-moi Gabriella.

Steve regarda son patron et répondit à Gabriella.

— Mlle Gabriella, c'est une politi…

— Appelez-moi juste Gabriella, pas de mademoiselle.

Jules fit signe à Steve de la tête. Steve lui sourit en retour. Il était au service de Jules depuis le premier jour de sa naissance. Tous les deux se comprenaient sans parler. Gabriella les regarda tous les deux et comprit que quelque chose se tramait.

— Je crois que j'ai peut-être fait quelque chose qu'il ne fallait pas?

— Non ma chérie, ne t'en fais pas. Steve sera par contre le seul à pouvoir t'appeler par ton prénom et à partir d'aujourd'hui Steve, tu m'appelleras Jules…et sans monsieur.

Gabriella partit à rire tellement Steve avait une réaction de surprise.

— Jules, tu n'es pas obligé de faire ça, tu sais. Tu fais ce que tu veux de ton bateau et de ta personne. Je ne veux inciter personne à faire du nouveau pour moi. Mais moi par contre, c'est Gabriella.

Après que Steve fût parti, elle enchaîna.

— Jules, c'est eux qui ont droit à mon respect. Ils semblent être tous de très bons employés et moi je ne suis rien comparé à eux, je n'ai même pas de travail encore.

— Je ne veux pas que tu dises ça. Tu peux te faire appeler comme tu veux, mais ici tu es ma petite amie et tu auras tout leur respect.

— Très bien. Dans ce cas, je n'en abuserai pas.

Il s'approcha et la serra dans ses bras, il la voulait toujours dans ses bras, près de son cœur.

— ''Qu'est-ce qui m'arrive?'' Tu es toute la différence, le contraire de toutes les femmes que j'ai connus. Y'en a-t-il beaucoup de ta race sur terre?

Elle éclata d'un rire fou.

— Que tu es belle!

— Disons que je sais très bien où est ma place dans la vie.

Pourquoi avait-elle dit ça? Elle savait très bien que toute sa vie, elle s'était cherchée et elle se cherchait encore aujourd'hui. Elle n'avait pas trouvé sa place, elle n'avait personne sur qui compter…mais peut-être qu'aujourd'hui la vie lui apportera quelqu'un, comme Jules.

— Très bien chérie. Viens, nous allons défaire nos bagages.

Arrivés dans la chambre, ses bagages avaient déjà tous été défaits. Elle se retourna vers Jules avec un sourire.

— Espiègle, tu savais très bien que les bagages avaient été rangés.

— Hum, hum, je voulais t'attirer ici.

Elle mit ses bras autour de son cou et l'embrassa. Il ne pouvait espérer mieux. Il lui fit l'amour comme jamais il ne l'avait fait à une autre femme. Gabriella lui faisait atteindre des sommets qu'il n'avait jamais connus.

— Gabriela, tu disais avoir vu peu de choses dans ton voyage. Alors, tu voudrais que je t'amène voyager pendant les trois semaines à des endroits éditiques?

— Je te fais confiance, mais la seule chose que je veux est être dans tes bras que nous soyons ici ou au bout du monde.

— Moi aussi, je te fais confiance chérie, je t'aime.

Elle l'embrassa en guise de réponse, elle n'était pas prête à dire ses mots, elle entrait dans l'inconnu. Elle se sentait encore partagée dans ce monde qu'elle découvrait, elle qui avait été si refermée du monde. Celui-ci s'ouvrait à elle et elle avait à définir ses sentiments et les évaluer.

— Tu sais, j'ai cherché un cadeau pour toi, malheureusement, je n'avais plus ma virginité moi, mais je voulais trouver quelque chose qui pouvait être l'équivalent du précieux cadeau que tu m'as donné et j'ai beau avoir beaucoup d'argent

Gabriella, mais je ne trouve pas, car rien n'égale ce que tu m'as donné.

— Si, toi.

Ils firent l'amour pendant deux jours, ils étaient entre la chambre, la salle de bain et je jacuzzi. Ils vivaient leur amour sur le plan physique, mais il était temps pour eux d'évaluer leur amour sur un autre plan, car il n'y avait pas seulement que le sexe pour que leur couple puisse durer.

— Jules.

— Oui chérie.

— On doit absolument sortir d'ici aujourd'hui sinon…nous allons mourir d'amour.

Ils partirent à rire tous les deux.

— Bon très bien. Je ne dirais pas non de mourir d'amour avec toi, mais tu as raison. Alors si on veut survivre, tu ferais mieux de te préparer.

— Où allons-nous aller? Je parlais de sortir de la chambre moi.

— Je ne le sais pas encore, mais laisse-moi quelques minutes. Bien, mais si tu veux, ce matin j'ai vu que nous étions près d'une ville. J'aimerais bien aller y marcher…Ah non! Je vois que nous sommes parties…nous sommes en pleine mer, je ne vois plus la terre.

Gabriella arqua les sourcils.

— Quoi? Nous allons arranger ça.

— De quelle ville parles-tu?

— Bien celle qu'on voyait ce matin.

— Je ne l'ai pas vu.

— Il n'y a pas de problème, j'ai un hélico ici.

— Un hélico ici? Je ne sais pas si je pourrai monter à bord de…de ces engins.

— Chut! Chut! Chut! Ne t'inquiète pas, tu seras dans mes bras.

— J'aime juste monter dans le ciel avec toi.

— Es-tu en train de me dire que je t'ai fait monter au septième ciel?

— Ah toi! Tu es terrible. Oui, tu m'as amené plusieurs fois au septième ciel…tu me l'as fait découvrir aussi. J'imagine que je n'ai plus de choix?

— Non. Je te fais une surprise et j'aimerais si tu pouvais me faire confiance.

— Très bien, je te fais confiance.

Les trois semaines de vacances passèrent très vites, trop vites pour eux. Ils étaient bien ensemble, ils ne s'étaient même pas séparés d'une heure.

— Chérie.

— Oui…je sais, c'est notre dernière journée.

— Oui. As-tu pris ta décision?

— Ce n'est plus ma décision Jules qui compte, ce sont mes sentiments pour toi.

— Je suis ton Jules ma chérie.

Il la prit par les hanches et la colla à lui en la regardant dans les yeux avant de l'embrasser tendrement.

— Moi aussi je ne me possède plus, je suis à toi Jules. Je t'aime. Tu es certaine de vouloir m'avoir chez toi?

— Ah! Ah! Ah! Oui, si je ne t'ai pas chez moi, je vais devoir aller vivre chez toi.

Elle lui sourit et mit sa tête sur son torse.

— Écoute Jules, je vais retourner chez moi pour une semaine. Le temps d'arranger mes choses et ensuite je viens m'installer chez toi, mais…

— Y'a un mais?

— Oui. Mais je vais trouver un emploi et je veux partager les frais pour le logement et je veux que ce soit aussi chez moi.

— Hein! Tu te rends compte que je n'ai aucune idée des coûts reliés à mes logements.

— Mes logements?

— Oui, j'en ai un à New York, Sydneys maintenant et…

— Bon, je vais partager les coûts pour New York seulement.

— Chérie, tu sais que si tu veux, tu n'as pas à travailler avec moi, tu pourrais me suivre partout.

Elle se leva sur un coude pour pouvoir le regarder.

— Jules Stanton, je ne me laisserai pas entretenir par personne. Compris!

— Oui…mais je ne le prenais pas comme cela.

— Fin de la discussion.

— Ah! Alors on peut passer à autre chose.

Il la rapprocha de lui à nouveau et l'embrassa et laissa voguer ses mains partout sur elle. Il descendit avec ses baisers jusqu'au bas où il la fit jouir de bonheur.

Il reconduisit Gabriella à son appartement. Elle prépara son départ avec appréhension. Elle avait peur, l'inconnu l'attendait. Mais elle était où elle voulait être, à New York.

— Je n'en reviens pas que tu as réussi à mettre le grappin sur le cousin de Sébastien.

— Rectification Anabelle. Je n'ai pas mis le grappin sur personne. Nous nous sommes rencontrés et nous nous aimons.

— Bon, comme tu veux.

Gabriella voyait maintenant plus clair et comprenait qu'Anabelle n'était pas une amie pour elle. Elle devait s'éloigner d'elle en même temps que son déménagement. Après le départ d'Anabelle, Jules l'appela pour lui dire que les déménageurs passeraient le lendemain pour prendre ses choses.

— Tu vas conduire ta voiture ou tu veux qu'un de mes employés s'en charge?

— Non, je vais la renvoyer. Je n'en aurai pas besoin à New York.

— Hum, je suis d'accord et en plus je vais mettre une voiture avec chauffeur à ta disposition.

— Jules s'il vous plaît, ne fait pas ça. Je sais que tu veux bien faire, mais je veux vraiment m'occuper de ma vie. Je ne veux pas de voiture et de chauffeur. Je veux apprendre à me débrouiller seule.

— Comme tu veux chérie. L'important c'est qu'ont soient ensemble.

— Oui, alors demain après que les déménageurs seront passés, je dois rapporter la voiture et je prends l'avion.

— J'ai hâte de t'avoir près de moi, dans mes bras chérie.

— Moi aussi.

Gabriella avait fait des pieds et des mains pour trouver l'adresse de sa mère. Elle habitait un quartier chic en banlieue de Las Vegas. Elle s'y rendit pour lui rendre la voiture, car c'est elle qui lui avait envoyé. Elle ne voulait plus rien d'elle, elle ne voulait pas de souvenir.

Quand elle vit la maison dans laquelle sa mère vivait, elle en resta bouche bée. Gabriella retenait ses larmes. Elle allait revoir sa mère après neuf ans.

— ''Pourquoi ne voulait-elle pas d'elle dans sa vie.''

Cette maudite question qu'elle s'était posée trop souvent. Elle prit une grande respiration et frappa à la porte.

— Bonjour. Oh! Gabriella.

— Oui c'est bien moi. Je te rapporte la voiture, je n'en veux pas de ce cadeau pourri…

Gabriella entendit une jeune fille crier derrière sa mère.

— Maman, où est mon chemisier rose?

— Ne me dis pas que c'est toi qu'elle appelle maman?

La mère de Gabriella avait maintenant les larmes qui coulaient sur ses joues.

— Gabriella, ma puce.

— Ne m'appelle surtout pas ma puce.

— Je suis désolée.

— Tu te dois au moins de répondre à une question. Pourquoi m'avoir tenu loin de toi et ne pas m'avoir prise avec toi? Tu préférais te faire une toute nouvelle famille sans trainer tes mauvais souvenirs?

— Non Gabriella. Tu ne comprends pas.

La jeune fille arriva derrière sa mère. Elle lui sourit.

— Bonjour.

Gabriella ne lui répondit pas, elle sentait qu'elle voulait exploser devant ce spectacle. Ses yeux étaient pleins d'eau. Elle lança les clés de la voiture à sa mère et l'avertit de ne plus mettre d'argent au compte bancaire, car elle l'avait fermé.

— C'est à mon tour de ne plus jamais vouloir te revoir.

Elle partit en courant.

— Qui c'était maman?

— Personne mon chou, personne. Viens on va trouver ton chemisier.

Gabriella se rendit un peu plus loin avant d'appeler un taxi pour se rendre à l'aéroport. Elle devait se calmer et arrêter de pleurer. Pourquoi pleurer cette femme qui ne l'avait jamais voulu?

La vie de Gabriella changea complètement à partir de ce jour. Elle se retrouva à New York et elle avait réussi sans problèmes à trouver un emploi qu'elle adorait. Depuis deux mois qu'elle habitait avec Jules. Elle avait laissé tomber le fait de vouloir payer sa part du logement, Jules s'arrangeait pour changer de sujet chaque fois qu'elle en parlait. Ils filaient un parfait bonheur tous les deux.

— Est-ce que tu as quelque chose de particulier ce week-end?

— Non pourquoi?

— Alors j'ai une surprise pour toi, nous partons ce soir.

Il l'amena au bateau, il était amarré où ils avaient fait l'amour pour la première fois. Il voulait se rappeler de ce moment.

— Je t'aime chérie.

Elle le regarda dans les yeux et pour la première fois, elle pouvait lui dire sincèrement qu'elle l'aimait.

— Je t'aime aussi mon Jules à moi.

Il lui sourit et l'embrassa. Il lui enleva ses vêtements avant d'enlever les siens et ils se retrouvèrent à faire l'amour dans le jacuzzi.

Après lui avoir fait l'amour, Gabriella était toujours assise à cheval sur ses genoux, ils reprenaient leur souffle. Jules prit quelque chose dans sa poche. Il prit la main gauche de Gabriella et lui mit une bague au doigt. Il la regarda intensément dans les yeux.

— Gabriella ma chérie pour la vie, je t'aimerai toujours, je le sais. Mon amour pour toi est si intense, voudrais-tu devenir ma femme pour la vie?

Une larme coula sur la joue de Gabriella.

— Oui mon Jules…pour la vie. Je ne me vois plus vivre sans toi.

Ils firent l'amour à nouveau. Jules ne pouvait plus se passer d'elle. Il la prenait comme elle le voulait, avec ses restrictions, il s'en foutait, il la voulait c'est tout.

— Est-ce que tu es prête pour rencontrer mon père? C'est un éternel dominateur, mais il est gentil quand même et très respectueux.

— Oui, tu sembles penser que je devrais avoir peur.

— Disons qu'il est très autoritaire et je pense que tu n'aimes pas beaucoup les personnes autoritaires. Alors c'est tout simplement moi qui ai peur que tu es peur.

— Ah! Ah! Ah! Ne t'en fais pas, je vais assurer. De mon côté, tu es chanceux, tu n'as personne à rencontrer.

Il la prit dans ses bras en signe de compassion. On grappa un coup bref à la porte au même moment et le père de Jules entra.

— ''Ah bon! Monsieur frappe un seul coup et en plus il entre sans attendre qu'on lui ouvre. Je vais devoir barrer la porte.''

— Bonjour papa.

— Bonjour mon fils.

— Je te présente Gabriella Johnston, ma fiancée.

Son père arqua les sourcils et fit un signe de tête à Gabriella.

— Bonjour.

Il ne lui répondit pas. C'est là que Gabriella réalisa qu'elle devait s'imposer à lui.

— Je dois te voir en privé Jules.

— Non papa, je n'irai pas dans mon bureau et je vais aussi te prier de sortir de chez moi, car tu es des plus impoli ce matin. Tu me déçois beaucoup papa. Son père se retourna, soupira et revint sur ses pas pour baiser la main de Gabriella.

— ''Bon, je vais jouer le jeu pour l'instant et nous verrons la suite.''

— Bonjour mademoiselle Johnston.

— Ça me fait un grand plaisir de vous rencontrer M. Stanton.

— Moi aussi Gabriella. Alors vous vous êtes fiancés dans sa famille?

— Gabriella n'a aucune famille. Si ça t'intéresse vraiment, je lui ai demandé sa main dans le jacuzzi sur le bateau. Satisfais papa.

— Hum, hum, aucune famille! Il doit bien y avoir quelqu'un quelque part?

— ''Oh non! Il a fait des recherches et trouvé que j'avais une mère. Merde!'' Non.

— Pourquoi vous êtes-vous fiancés seuls?

— Papa, je n'ai plus vingt ans, j'ai trente-deux ans.

— Bien, je dois partir, j'ai un rendez-vous.

— Papa.

— Oui mon fils.

— Nous nous sommes fiancés pour nous marier, tu sais. Ce sera fait bientôt. Je te ferai savoir. Ce sera une petite cérémonie, rien de gros.

— Je ne crois pas avoir mon mot à dire.

— Non, au revoir papa.

— À bientôt.

M. Stanton partit et Gabriella put respirer.

— Ouf! Tout un spécimen cet homme.

— Je te l'avais dit.

Le mariage fût célébré sur le bateau. Il n'y avait que la famille immédiate de Jules et quelques amis.

Ils passèrent trois semaines sur le bateau à voyager, visiter et souper dans des restaurants sur le bord de mer. Jules l'amena ensuite passer une semaine dans sa maison de Sydney qu'il avait reçu pour sa fête. C'était sa préférée et il voulait partager ça avec Gabriella.

De retour à New York, ils reprirent leurs activités respectives. Mais le père de Jules semblait vouloir les détruire, Gabriella sentait bien qu'il ne l'aimait pas du tout.

On frappa à la porte. Jules alla répondre.

— Depuis quand fermes-tu ta porte à clé en plein jour?

— Bonjour papa.

— Bonjour mon fils.

— Que nous vaut ta visite papa?

— Dois-je avoir une raison en particulier?

— Oui, tu as toujours eu une raison pour me rendre visite.

— C'est vrai. Peut-on aller dans ton bureau, c'est très important?

— Bien.

— Je voulais te dire moi-même que j'ai fait arrêter ton contrat de mariage, que tu as demandé à nos avocats de préparer.

Jules avait les mains liées avec son père. Il interférait comme toujours dans sa vie privée.

— Papa, quand vas-tu apprendre à me considérer comme un homme, diplômé avec mention en finances?

— Si tu joues les deux yeux fermés avec ton héritage, je me dois d'intervenir. Gabriella t'a rendu aveugle mon garçon.

— Alors, dis-moi ce que tu veux faire changer.

— Il faut que tu comprennes qu'elle peut t'avoir épousé juste pour ton argent, c'est une femme ne l'oubli pas.

— Oui, c'est certainement pour cela qu'elle tient encore à travailler.

— Je ne veux en aucun cas qu'elle hérite de tes parts dans nos compagnies. S'il t'arrivait quelque chose ou qu'elle est responsable de tes soins ou quoi que ce soit.

— Pour conclure, tu ne veux pas qu'elle n'hérite de rien?

— Tu lui laisseras cent mille dollars et elle fera avec.

— Papa, est-ce que les parts que tu me donnes à chacun de mes anniversaires sont entièrement à moi?

— Oui, mais…

— Il n'y a pas de mais papa. Quand tu as épousé maman, est-ce que pour elle tu l'as privé de cela aussi?

— Là n'est pas la question, je n'étais pas riche comme aujourd'hui.

— Si c'est la question quand même. Tu as fait ce que tu voulais et moi aussi. À mon tour papa. Je fais ce que je veux et je sais que Gabriella m'aime comme je l'aime papa.

— Il y a une clause sur toutes les parts que je t'ai données.

— Attention papa, si tu attaques Gabriella indirectement, tu m'attaques aussi. Ne fais pas quelque chose que tu regretteras.

— Désolé, les contrats ont été faits comme cela et je n'y changerai rien. Les parts n'iront à personne d'autre que toi et moi.

— Que dirais-tu papa si je te les redonne tous?

— Non, ils sont à toi.

— Si je n'en veux plus.

— Mon garçon, sois raisonnable.

Jules leva les yeux au ciel en guise de résignations.

— D'accord, je…t'entends ce que je dis papa, je vais faire arranger le contrat moi-même parce qu'imagine-toi que j'ai appris à faire de l'argent par moi-même comme un grand garçon.

— Ah! Ah! Ah! Mon garçon, sans la compagnie, tu ne vaudrais pas cher.

— Oui, j'ai une chaîne d'hôtel et elle fonctionne très bien.

— Hein! Pourquoi ne jamais m'avoir informé de ça?

— Parce que j'en avais assez de ta maladie envers moi de tout vouloir contrôler et faire à ta façon. Mes idées n'étaient jamais bonnes. Alors comme cela, c'étaient mes idées, mon argent et mes hôtels. Tous sont à moi. Tu comprends papa?

Son père baissa la tête. C'était la première fois que Jules voyait son père se sentir moins sûr de lui.

— Oui, je comprends.

— Désolé papa, mais tu devrais reprendre toutes les parts que tu m'as données et me les ajouter à l'héritage, car je n'en veux plus.

— Non, je vais enlever la clause, mais elle doit…

— Papa, elle comme tu l'appelles, c'est Gabriella.

— Ah! Ça va. T'as fini de me reprendre comme ça?

— Oui. Pour changer de sujet, nous t'invitons à souper demain, chez nous.

— En quel honneur?

— Demain 18h00.

— J'ai peut-être quelque chose à faire.

— Non, j'ai déjà vérifié avec ta secrétaire. Demain 18h00 sans faute papa.

Jules sénior ressortit du bureau de son fils découragé.

— ''Il doit sacrément aimer cette femme pour me remettre à ma place de cette façon.''

Jules passa chercher Gabriella à son bureau.

— Bonjour chérie.

— Bonjour.

Il se pencha pour l'embrasser.

— J'ai fait l'invitation à mon père.

— Bien. C'est moi qui vais faire le souper.

— Tu ne veux pas que nous commandions du traiteur?

— Non.

— C'est assez catégorique. Je n'insiste pas.

— Tu vas voir. C'est une recette que je ne t'ai jamais faite encore. Je suis sure que tu vas aimer.

— Ce sera parfait chérie.

— Y'a quelque chose que ton père n'aime pas?

— Aucune idée.

Gabriella s'était surpassée pour impressionner les deux hommes qu'elles étaient pour avoir à sa table. Elle avait préparé une salade d'artichaut, du canard à l'orange et une crème chocolat mousse pour dessert.

Le père de Jules arriva à 18h00 pile.

— Bonsoir M. Stanton. Venez.

Gabriella avait barré la porte sachant qu'il venait. Jules s'en aperçu et cela le fit sourire de ne pas voir son père entrer en flèche dans son appartement.

— Nous allons passer à table dans quinze minutes.

Il embrassa Gabriella et la remercia.

— Bon mon garçon, de quoi voulais-tu me parler?

— Je ne sais pas s'il y a une nouvelle particulière. Je t'ai invité à la demande de Gabriella.

— Ah!

Le repas se déroulait bien, Gabriella fit exprès pour amener la discussion sur les finances pour montrer à son beau-père qu'elle avait de bonnes connaissances en la matière.

— Passons au salon si vous le voulez bien. J'ai quelque chose pour vous deux.

Père et fils se regardèrent surpris. Ils se ressemblaient tellement. Gabriella souriait. Jules la prit pas la taille, la remercia pour le délicieux repas digne d'un cordon-bleu. Son père leva les yeux vers Gabriella.

— C'est toi qui as cuisiné?

— Oui, je tenais à le faire pour vous deux.

— Vous êtes une merveilleuse cuisinière comme Jules dit.

— Merci. Je dois vous parler maintenant.

Gabriella alla s'asseoir près de Jules et avait un grand sourire. Jules lui sourit.

— Tu as un air taquin. Tu vas nous dire ton secret. Nous avons été assez patients là.

— Très bien. Tu te rappelles m'avoir demandé d'arrêter quelque chose il y a un mois et demi de ça?

Jules pensait.

— Arrêter ton travail?

— Non.

Son père le regarda et leva les yeux au ciel.

— Jules, y'a pas beaucoup d'option là mon gars.

— Que veux-tu dire? Tu sais toi?

— Tu ne voudrais pas d'un bébé par hasard?

Jules ouvrit grand les yeux et la bouche et il regarda Gabriella. Puis il sourit.

— Ça y'est?

— Oui, c'était peut-être un peu rapide. Nous avions peur que cela puisse prendre plusieurs mois, mais ça y'est. Tu vas être papa et vous grand-papa.

Jules l'embrassa tendrement et la garda serrée dans ses bras.

— Félicitation mes enfants. Merci, Gabriella de m'avoir fait vivre cette joie avec vous deux. De voir mon fils heureux comme cela était très loin dans mes souvenirs. Merci encore.

Il se leva et alla faire la bise à Gabriella et quand à son fils, il le prit et le serra fort dans ses bras?

Jules ne se rappelait pas avoir jamais vu son père serrer personne dans ses bras, même pas lui.

— Un bébé pour nous.

— Tu ne regrettes pas de m'avoir dit d'arrêter la pilule.

— Non, j'étais sincère et j'étais aussi sincère en te disant que j'aimerais en avoir quatre.

— Quatre! Attente d'en avoir un mon fils et ensuite tu évalueras combien tu en veux.

— Oui, c'est aussi ce que j'ai dit. Un à la fois et on discute et évalue après chaque enfant.

— Je vais vous laisser tous les deux…

— Attendez, j'ai une autre nouvelle.

Les deux hommes arquèrent les sourcils.

— Tu nous réservais vraiment une soirée mouvementée.

— Oui. Je suis très fière de vous annoncer qu'à partir d'immédiatement, je travaille à mon compte, ce qui veut dire que je travaille de la maison pour l'instant.

— Félicitation chérie. C'est merveilleux.

— Je suis si contente. J'ai fait des profits extraordinaires cette dernière année avec les parts que j'ai achetées, revendu pour en acheter des meilleures.

— Tu joues à la bourse toi?

— Oui, mais j'investis seulement par petite quantité. J'ai étudié en finances, alors j'utilise bien ce que j'ai appris.

— Vous avez sauté assez vite dans la gueule du loup comme on dit.

— Oui, mais c'est ça les finances et la bourse. C'est les premiers investissements qui font peur.

Le père de Jules n'avait plus aucun sourire tout à coup.

— Après avoir épousé mon fils, il vous était plus facile de prendre une chance.

Gabriella cessa de sourire pour regarder son beau-père. Jules venait pour parler, mais elle leva la main pour lui dire qu'elle pouvait se défendre.

— Mon cher beau-père vous me jugez mal depuis le début.

Jules se leva et s'éloigna. Il avait beaucoup trop le sourire aux lèvres. Il ne voulait pas se faire grogner après.

— Je vais être à la cuisine chérie.

Son père le regarda partir en signe de désaprobation.

— Jules, regardez-moi. J'en ai assez de faire des efforts et de toujours retourner en arrière avec vous.

— De quel droit m'appelles-tu Jules?

— Parce que vous ne valez pas le respect que je vous porte. Vous ne me respectez pas depuis le début. Aujourd'hui, c'est assez. Vous devriez me connaitre assez bien depuis un an. Je suis une femme qui n'aime pas se faire entretenir par un homme. Pour moi dans un couple, l'homme et la femme sont à égalité. Vous vous trompez tellement sur mon compte, je n'ai jamais touché un sou des comptes bancaires de votre fils pour la bonne raison que j'ai refusé d'y avoir droit. J'ai fait des études et ses pour vivre par mes propres moyens. Dans mes investissements, aucun autre argent que la mienne y est passé.

Jules riait comme un fou dans la cuisine et son père et blanc et en bégayait.

— Oui je…hum…je suis désolé. Arrêtez Gabriella…dans votre condition.

Jules arriva et la prit dans ses bras.

— Chut, chut, chut, ma chérie, c'est fini. Mon père s'est excusé et il pensera la prochaine fois avant de t'accuser.

— Je suis désolé. Je vais vous laisser.

Jules reconduit son père à la porte.

— C'est très désolant de voir qu'elle voulait nous rendre heureux toutes les deux et que tu l'as rabaissé. Tu aurais très bien pu ne pas me faire une chose pareille et me poser la question à moi en privé. Tout ne roule pas autour de l'argent, ton argent papa.

— Désolé Jules.

— Ne me demande pas de miracle maintenant. Je ne sais pas si elle va te pardonner. Elle t'a donné plus d'une chance. Ce sera sa décision et non la mienne.

— Très bien, je comprends.

Il entra et Gabriella était en larmes.

— Chérie ne pleure pas, nous ne le reverrons plus.

— Ce…n'est pas…ça.

— Quoi?

— Je n'aurais pas…du faire…ça.

— Non ça va, lui il va s'en remettre et il ne te traitera plus de la sorte. Il était temps que quelqu'un le remette à sa place.

— Je n'aurais…quand même pas dû…être aussi impolie.

— Et si on parlait du bébé.

Elle le regarda et lui sourit timidement. Il lui caressa le ventre

— Je l'aime déjà.

— Oui, quand allons-nous l'avoir?

— En septembre.

— Un bébé de fin d'été.

— Oui. Que préfères-tu?

— Peu importe.

Jules partit pour le travail le lendemain et Gabriella demanda la voiture et le chauffeur.

— Amenez-moi au bureau de mon beau-père s'il vous plaît.

— Très bien madame.

— ''Ah! Ce madame, ça m'énerve moi!''

Arrivé au bureau, il la reçut immédiatement.

— Bonjour M. Stanton. Je suis venu m'excuser pour hier.

— Bonjour Gabriella, viens t'asseoir. C'est moi qui suis un vieil imbécile.

— Non ne dite pas ça. Aucun imbécile ne peut monter un empire comme le vôtre. Aussi aucun imbécile ne peut avoir bien élevé un fils comme le vôtre.

— Je n'aurais quand même pas dû faire une chose pareille.

— Bien, moi je n'aurais jamais dû réagir comme je l'ai fait. Je vous assure que j'ai épousé Jules par amour.

— Je vous crois, mais en même temps vous devez comprendre combien de femmes nous courent après et les gens sont si mesquins de nos jours. Avoir beaucoup d'argent est aussi synonyme d'arnaque qui rode.

— Je vous comprends très bien.

— Vous savez que la seule femme à m'avoir tenu tête était ma femme…la mère de Jules.

— Désolé.

— N'en soyez pas désolé. Nous devons repartir sur une bonne base vous et moi. Je promets de penser avant d'ouvrir ma bouche la prochaine fois.

— Moi aussi.

— Il se leva, lui tendit la main pour qu'elle se lève et il la prit dans ses bras.

— Je ne sais pas ce qui m'a pris hier. Mais une chose est certaine, je suis tellement heureux pour vous deux. Je vais être grand-père.

— Moi aussi je suis contente. Vous étiez si beaux à voir tous les deux quand je vous l'ai appris. Vous vous ressemblez tellement tous les deux.

Il l'embrassa sur la tête et la serra fort contre lui. Jules était appuyé sur l'encadrement de la porte et les regarda en souriant. Ils ne l'avaient pas vu.

— Merci encore Gabriella.

— Bravo chérie, tu m'as devancé.

— Ah! Jules, tu es là.

Il s'avança pour la prendre dans ses bras.

— Tu lui as sauvé la vie ce matin parce que moi je ne venais pas pour être aussi indulgent que toi.

— Jules nous ne parlerons plus d'hier…juste de bons moments, car il y en a eu.

— Tu es redevenue un petit ange. Papa je voulais te dire que tu étais un homme avisé maintenant que ma femme tourne en petit démon.

Ils partirent tous à rire. Gabriella se cacha le visage sur le torse de Jules. Elle lui donna une tape sur le torse. L'atmosphère s'était détendue.

Gabriella accoucha sans problème, mais le bébé avait un problème de santé. M. Stanton fît appeler les meilleurs médecins pour l'enfant et le diagnostique était que l'enfant avait besoin le plus vite possible du liquide qui devait être prélevé de la colonne vertébrale d'une personne de la famille en général qui serait compatible avec lui. Jules et son père avaient déjà fait les examens et ils n'étaient pas compatibles, la recherche devait être faite du côté de la mère. Gabriella ne pouvait y participer, car elle venait d'accoucher.

Jules avait le devoir d'expliquer ça à Gabriella et le plus vite possible, car la vie de leur fils était en danger.

— Bonjour chérie. Tu es réveillée.

— Oui. Mais ça ne va pas. Ils disent que je dois attendre pour voir notre fils.

— Oui, c'est exacte Gabriella.

Elle vit tout à coup qu'il avait les yeux en larmes. Elle commença à paniquer.

— Oh non! Non Jules.

— Non, non Gabriella, je vais t'expliquer. Il est malade. Les médecins disent que le plus facile est de trouver dans la famille quelqu'un de compatible pour du liquide qu'ils doivent prendre dans la colonne vertébrale. Mon père et moi ne sommes pas compatibles. Nous nous demandions si tu avais de la famille de tes parents que tu pourrais te rappeler.

Gabriella se mit les mains sur la bouche et elle pleurait. Jules pleurait avec elle.

— Donne-moi ma bourse.

Elle sortit une carte. Elle prit le téléphone et composa le numéro de sa mère. Elle regarda Jules dans les yeux.

— Jules, je vais t'expliquer plus tard. Maman, c'est Gabriella. J'ai besoin de toi maman. C'est très urgent.

— Tu as des problèmes, je peux t'envoyer de l'argent.

— Non pas d'argent maman. Si je t'envoie un hélicoptère, peux-tu venir me voir à l'hôpital à New York?

— Gabriella, tu es malade?

— Non maman, c'est mon fils.

— Mon époux Jules te rappellera sous peu avec les informations…merci maman.

— Oh! Gabriella, je suis si désolé.

— Attend l'appel de Jules maman.

Jules la regardait sans comprendre. Elle lui avait dit ne pas avoir ses parents.

— Je sais, je sais. Pensons seulement à notre fils et nous reparlerons de cela ensuite.

— Très bien. Je vais voir mon père pour l'hélicoptère. Après je vais venir te chercher pour voir notre fils.

— Jules.

— Oui.

— Non je veux dire notre enfant. Nous devrions l'appeler par son prénom…Jules.

— Tu es…Ah! Plus tard pour cela. Papa est de l'autre côté, je reviens dans quelques minutes.

Il courra voir son père qui était devant la vitre à regarder son petit-fils.

— Papa, j'ai besoin de toi. Gabriella a trouvé une personne susceptible de l'aider, elle est à Las Vegas. Pourrais-tu organiser l'hélicoptère pour aller la chercher? Voici son nom et ses coordonnées. Il faut lui téléphoner pour l'informer, elle attend.

Sans un mot, M. Stanton immédiatement fit les arrangements. Il conduisait lui-même comme son fils et alla lui-même chercher Lou-Ann.

— Bonjour, je suis Jules Stanton. Venez, je vais vous aider à vous installer.

Lou-Ann ne se présenta même pas. Elle était estomaquée de voir que sa fille de vingt-deux ans avait épousé un homme de son âge à elle, même peut-être plus âgé.

— Mettez les écouteurs sur vos oreilles.

— Très bien.

— Vous êtes sa tante?

Lou-Ann le foudroya du regard.

— C'est ce qu'elle vous a dit?

— ''Va s'y molo Jules. Elle a le même visage que Gabriella quand elle s'était changée en petit démon.'' Non elle ne m'a rien dit madame.

— Je suis sa mère.

Il la regarda surpris. Jules lui avait bien dit qu'elle n'avait plus ses parents. Voilà d'où venait la grande ressemblance.

— Bon, je vous parle du bébé.

— Oui.

Il lui expliqua tout ce qu'il savait pour le bébé. Il lui jeta un coup d'œil. Elle pleurait.

— Ne pleurez pas, vous avez de très grandes chances de pouvoir le sauver.

Il atterrissait directement sur le toit de l'hôpital. Une infirmière les attendait déjà. Elle ne vit pas Gabriella avant les examens.

M. Stanton alla rejoindre les enfants pour leur annoncer que Lou-Ann passait déjà les examens et qu'il retournait l'attendre pour la conduire à eux ensuite.

— Vous avez terminé?

— Oui. Je peux voir Gabriella maintenant?

— Oui, venez, je vais vous conduire à elle.

Elle hésita. Sa fille voulait-elle vraiment la revoir?

— Je crois qu'elle aura besoin de nous tous si le bébé ne survit pas.

Il lui présenta sa main. Elle fit signe que oui et lui prit la main.

— Gabriella, ta mère a terminé les examens. Je me suis permis de l'amener à toi.

— Bonjour maman.

Les deux femmes avaient les larmes qui coulaient.

— Bonjour Gabriella.

— Maman, je voudrais te présenter Jules mon époux.

— Mais ce n'est pas vous?

— Non madame. Ah! Je comprends…mon fils Jules et moi le père Jules.

Gabriella regarda Jules et eut un sourire.

— Tu comprends maintenant pourquoi je ne veux pas l'appeler Jules lui aussi. Bonjour, madame Johnston, je suis ravi de faire votre connaissance.

— Moi aussi Jules.

— Nous allons vous laisser quelques minutes.

— Non pas maintenant. Allons tous voir le bébé avant.

Ils se rendirent tous près du bébé.

— Ah! Ma puce, il est si beau. Tellement beau.

— Merci maman.

Après quelques minutes, M. Stanton fit signe à son fils.

— Laisse-les un peu. Nous les rejoindrons à la chambre. Nous attendrons tous les résultats ensemble.

Deux heures plus tard, le médecin entra avec un sourire. Sa mère était bien compatible.

— Nous devons maintenant vous faire des examens pour nous assurer que vous ne donniez pas de maladie au bébé. Entre-temps, je me demandais s'il y avait une autre personne qui pourrait faire les examens que vous venez de faire. S'il y a quelque chose qui ne va pas avec les autres examens, nous aurions gagné beaucoup de temps pour sauver le bébé.

Lou-Ann regarda Gabriella et lui posa la question.

— Ceci coûterait pour aller les chercher.

Tous répondirent en même temps qu'il n'y avait aucun problème.

— Bien. Puis-je avoir un endroit pour faire un appel en privé?

— Suivez-moi, ils m'ont alloué un endroit pour faire des appels.

Ils repassèrent à l'avait de la vitre du bébé. Ils s'arrêtèrent quelques minutes.

— Il est si beau.

— Oui, c'est malheureux ce qui leur arrive.

— Je ferai tout ce que je peux pour le sauver.

Elle appela son époux.

— Jack, c'est moi. J'ai quelque chose de très important à te dire et je n'ai pas beaucoup de temps.

— Qu'est-ce qu'il y a Lou-Ann, tu sembles bouleversé.

— J'ai une fille de vingt-deux ans. Elle vient d'avoir un garçon. Il n'a qu'un jour et il est malade.

— Tu as…une autre fille?

— Oui, Gabriella.

Elle lui expliqua très vite les grosses lignes et le supplia de venir avec les enfants.

— Je comprends très bien Lou-Ann, mais je n'enverrai pas les enfants seuls, je vais y aller aussi. Je veux être près de toi et je veux aussi connaitre Gabriella.

— Merci Jack. Je regrette de ne jamais t'en avoir parlé.

— Écoute, nous allons parler de cela plus tard. Pour l'instant nous allons penser qu'à l'enfant. Nous l'expliquerons à nos enfants ensemble aussi.

— Comment leur expliquer ça?

— Ne t'inquiète pas pour cela maintenant. Où devons-nous nous rendre?

— À New York.

— Quoi? Tu es à New York en ce moment?

— Oui. Un hélicoptère passera vous prendre. Je te passe M. Stanton, il t'expliquera.

Jack et les enfants arrivèrent et M. Stanton les attendait. Il avait décidé de ne pas faire le chauffeur pour pouvoir rester près de son fils.

Les deux enfants de Lou-Ann firent les examens en urgence et le plus compatible des trois était le garçon.

Lou-Ann alla présenter sa famille à Gabriella et Jules. Ensuite elle expliqua à ses enfants que celle-ci était aussi sa fille. Deux heures plus tard, le médecin vint les informer que Brian était celui qui était le plus compatible et que les chances du bébé été doublé si Brian était le donneur.

Brian alla faire d'autres examens. Véronique était bien contente qu'ils eussent choisi son frère.

— Merci encore maman.

— C'est un plaisir mon enfant. Je te le dois grandement. Je bougerais ciel et terre pour sauver ton enfant.

Brian fit le don le lendemain et quelques jours plus tard la santé de leur fils s'améliorait à vue d'œil. Les médecins leur annonçaient qu'il était sauvé. Tous pleuraient de joie.

— Brian mon garçon tu es un héros.

— Merci M. Stanton.

M. Stanton se tourna vers Lou-Ann et Jack.

— Comment puis-je vous remercier?

— Ce n'est rien, vous n'avez pas à nous remercier. C'est mon fils qui est son oncle qu'il faut remercier.

— Je suis son oncle?

— Oui et Véronique est sa tante.

— Hein! Moi une tante.

Tous partirent à rire.

— Mon garçon pour le courage que tu as eu en sauvant mon petit-fils, je vais te donner des actions de mon entreprise.

Jules regarda Gabriella et ils partirent à rire.

— Ne riez pas, je vais faire les choses bien maintenant. Toi Brian, je vais t'expliquer qu'est-ce que c'est que des actions.

— Si vous y tenez.

Jules souriait.

— Tu lui donneras les miennes papa.

— Tu te crois drôle. Ne te mêle pas là dedans. C'est entre moi et Brian.

— Très bien.

Un an plus tard, Julien fêtait sa première année de vie et tous étaient présents. L'anniversaire fût fêté sur le bateau où ils restaient tous pour une semaine.

— Chérie, tu es là?

— Oui, je t'attendais.

— Hum, tu m'attendais. Tu es certaine. Je crois que je sais ce que tu veux faire de notre soirée. Une bouteille de vin, deux verres dans le jacuzzi…c'est du déjà vu ça.

— Viens, me rejoindre et je te montrerai du nouveau.

— J'arrive chérie, j'arrive.

<u>Trouvez-les, ils sont là</u>

Mon bel amour

Le Prince Aja envoûté par Danna

Ogan Mezzo que rien n'arrête trouvera les amours de sa vie

La redoutable Zoé Mezzo devant la défaite…et l'amour

Zack Mezzo, le beau charmeur chevauche avec l'amour

Emmanuël Mezzo face à son secret

Michaël Mezzo tourmenté par ses amours

La famille Mezzo : L'intégral

L'amour interdit de Magalie

Amoureuse de son sauveur

Le cadeau de Gabriella

Un cowboy pour Mia

Mon ange gardien sexuel

Deux mois d'amour, une vie de passion

Mon oiseau volage d'amour

Annie taquine l'amour de sa vie

Destinée à lui

Alyssa, tu es mienne, eres mías